JUUNIOR VIKERKAAR

PINGVIINIDE VÄRVID

VÄRVIDE TUTVUSTAMINE NOORTELE MÕTETELE

RAINBOW ROY

PINGVIINIDE VÄRVID

Vikerkaar on täidetud igasuguste värvidega.

Koos uurime värve ja õpime tundma ka pingviine.

PUNANE

Punane,
nagu
punased
krilli
pingviinid
söövad.

ORANŽ

Oranž, nagu pingviini nokk.

KOLLANE

Kollane, nagu kulmud Rockhopperi pingviinil.

ROHELINE

Roheline, nagu
merevetikatega
pingviinid ujuvad.

SININE

Sinine, nagu
Väike Sinine
Pingviin.

INDIGO JA LILLA

Indigo ja lilla,
nagu lõunatuled.

Vaatame nüüd mõnda muud värvi väljaspool vikerkaart!

ROOSA

Roosa, nagu roosad vetikad, milles mõned pingviinid ujuvad.

PRUUN

Pruun, nagu
kuningaspingvii
nibeebi.

VALGE

Valge, nagu pingviini kõht.

MUST

Must, nagu pingviini selg.

HALL

Hall, nagu keiserpingviinibeebi

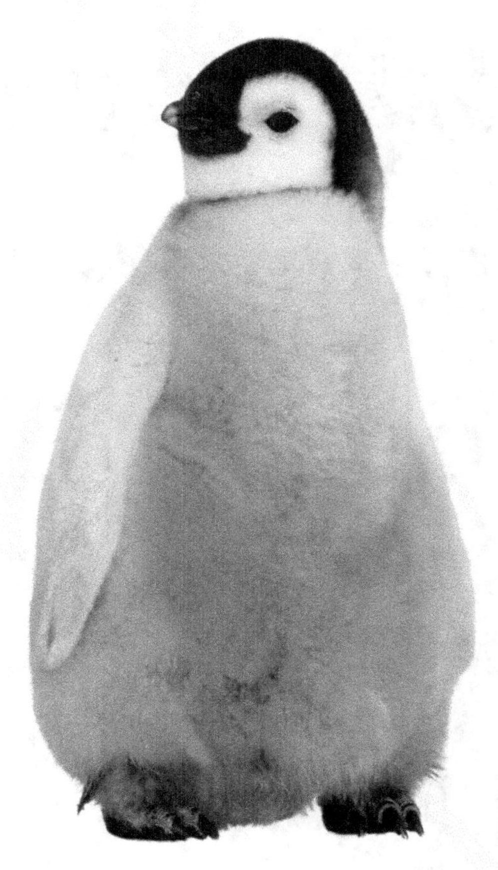

Nüüd vaatame, mida olete õppinud!

Mis värvi see pingviin on?

See pingviin on
must, valge,
kollane ja oranž.

Mis värvi need pingviinid on?

Need pingviinid on hallid. Need on ka mustvalged.

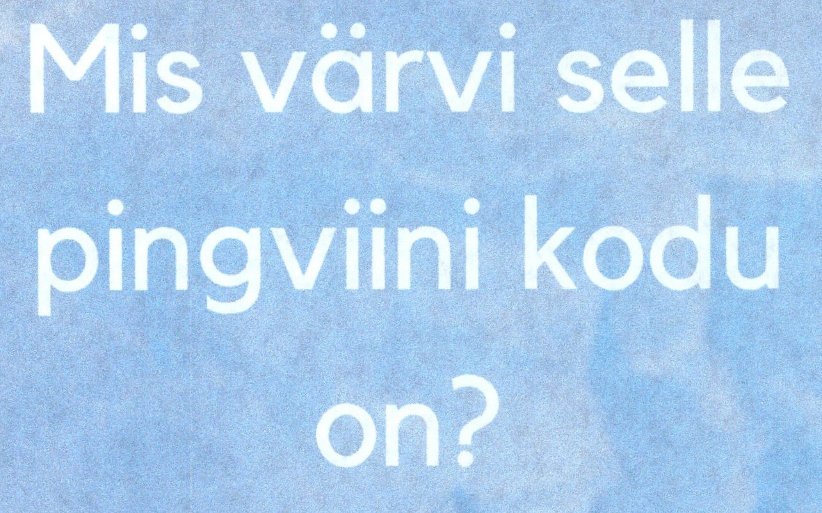
Mis värvi selle pingviini kodu on?

Selle pingviini
kodu on sinine.

Mis värvi on selle pingviini jalad?

Selle pingviini
jalad on oranžid.

Sa oled nii tark! Õppige alati ja ärge kunagi unustage oma armastust õppimise vastu.